Les hommes préhistoriques

LES ESSENTIELS MILAN JUNIOR

Sommaire

Introduction

Et avant, c'était comment ?

Qu'est-ce qu'un homme ?

Le paysan, l'écrivain et le paléo-anthropologue

Pour les plus curieux

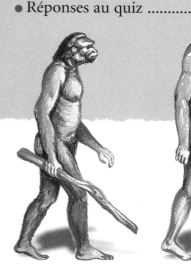

Une Terre âgée, un homme jeune

Pour bien comprendre cette page, ramenons les 4,6 milliards d'années de notre planète à une seule journée de 24 heures qui commence à minuit.

00:00 La Terre est née il y a 4,6 milliards d'années. Pendant plus d'un milliard d'années, la vie ne sera pas possible sur notre planète, car elle est bouillante et criblée de volcans. Mais, grâce aux gaz de ces volcans qui vont former une atmosphère protectrice, le climat va s'adoucir au fil du temps.

05:00 La vie est née dans les océans, il y a près de 4 milliards d'années, d'abord sous forme de molécules et de cellules qui, en s'unifiant et en se reproduisant, vont devenir des algues, puis de petits animaux marins.

23:00 Nous venons d'effectuer un énorme saut dans le temps et nous retrouvons au jurassique, il y a 200 millions d'années. C'est l'âge des dinosaures, les plus gros animaux à avoir jamais habité la Terre. Tiens, le premier mammifère vient d'apparaître sur la Terre.

23:54 Les mammifères ont peuplé la Terre et ont évolué, en donnant naissance à une multitude d'espèces animales. Les singes sont là.

`23:55` Eh oui ! l'humanité, avec son cortège de civilisations
et d'inventions, ne représenterait que quelques minutes
si nous réduisions la vie de la Terre à une journée de 24 heures ! Et, si on comparait
l'histoire de notre siècle à l'âge de la Terre, elle serait aussi brève qu'un clin d'œil.
C'est très difficile de se représenter cela, de se rendre compte que l'histoire
de l'humanité ne correspond qu'à un millième quand on la compare à l'âge de la Terre.
L'histoire des hommes, qui commence avec l'écriture, s'étale sur 5 000
ou 6 000 ans, la préhistoire sur des millions d'années !

L'eau, la vie

Qu'est-ce que la vie ?
Comment est-elle née ?
De tout temps, les hommes se sont posé
ces questions fondamentales, cherchant
la raison de leur présence sur la Terre.

La Terre ne s'est pas faite en sept jours

La Terre est apparue dans le système solaire il y a 4,6 milliards d'années, sous la forme d'une grosse masse gazeuse incandescente. En se refroidissant, les gaz sont devenus liquides, puis solides. Ils ont formé la croûte terrestre, avec les océans et les continents.

Histoires d'eau

La vie entre en scène voilà 4 milliards d'années, « peu de temps » après la formation de la Terre. C'est dans l'eau que les premières traces de vie apparaissent, sous la forme de molécules. Plus tard, grâce à l'énergie du Soleil, des bactéries, les procaryotes, sont nées de ces molécules. En évoluant, elles sont devenues capables de grandir et de se reproduire, deux caractéristiques fondamentales pour l'évolution des êtres vivants.

Sous le signe du poisson

Ces bactéries sont encore unicellulaires. Mais, peu à peu, apparaissent des êtres vivants consti-

Poisson-fossile du début de l'ère tertiaire.

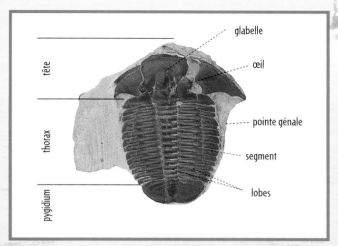

tête

glabelle

œil

pointe génale

thorax

segment

lobes

pygidium

Les trilobites vivaient dans la vase au fond des mers. Ces arthropodes n'existent plus actuellement que sous la forme de fossiles.

tués de plusieurs cellules : algues, éponges et méduses peuplent les océans. Leurs structures s'affinent, deviennent plus complexes et, il y a 700 millions d'années environ, certains êtres vivants possèdent déjà plusieurs organes (le trilobite par exemple). Il y a 500 millions d'années, le groupe des vertébrés se développe, avec les ancêtres des poissons.

Terre, terre !

Certains poissons deviennent capables de respirer à la fois dans l'eau et dans l'air. Leurs nageoires se transforment et deviennent plus dures, ce qui va leur permettre de sortir des océans. Vers la fin de l'ère primaire, ces amphibiens partent à la conquête de la terre ferme. Les espèces continuent leur adaptation et troquent leur attirail d'amphibien contre celui de reptile. Nous entrons dans l'ère secondaire. *Jurassic Park* s'annonce.

Vivre sans air

Les procaryotes, premiers habitants de la planète, étaient anaérobies, c'est-à-dire qu'ils vivaient dans un milieu privé d'air ou d'oxygène ; l'atmosphère n'était alors composée que de méthane, d'ammoniac et de vapeur d'eau.

dico
Amphibien :
animal vertébré
capable de vivre
aussi bien sur terre
que dans l'eau.

Bactérie : organisme
microscopique constitué
d'une seule cellule,
qui n'appartient
ni au règne animal,
ni au règne végétal.

Espèce : groupe d'êtres
vivants qui possèdent
les mêmes caractères
et peuvent se reproduire
entre eux.

Fossile : restes
d'un homme,
d'un animal ou
d'une plante préservés
dans les sédiments.

Vertébrés : animaux
munis d'une
colonne vertébrale
(poissons, amphibiens,
reptiles, oiseaux
et mammifères).

L'âge des reptiles

Les premiers reptiles apparaissent il y a 300 millions d'années. Ils évoluent, se diversifient en de nombreux groupes et deviennent les maîtres de la Terre.

Un monde de reptiles

Un groupe émerge bientôt, celui des archosaures, ou « reptiles dominants », parmi lesquels figurent les premiers dinosaures, il y a 220 millions d'années. On trouve également les « reptiles mammaliens », appelés ainsi parce qu'ils allaitent leurs petits. Du point de vue de l'évolution, ils sont importants, car ce sont les ancêtres des mammifères actuels.

Les dinosaures

Les dinosaures sont des animaux terrestres, de tailles très diverses, bipèdes ou quadrupèdes, pourvus de pattes verticales qui leur permettent d'avancer très vite malgré leur poids parfois énorme. Beaucoup se nourrissent de fougères et de feuilles d'arbre, comme *Diplodocus* ou *Triceratops*, et vivent en troupeaux. Le plus impressionnant est *Seismosaurus*, qui pouvait mesurer 38 mètres de long et avaler une tonne de végétaux par jour. Les carnivores sont moins nombreux. La plupart, comme *Tyrannosaurus*, le plus gros carnivore qui ait jamais existé, s'attaquent surtout aux grands herbivores lents.

Plesiosaurus et sa redoutable mâchoire.

Les autres reptiles géants

Si les dinosaures peuplent la terre, d'autres gros reptiles dominent la mer et le ciel. Dans la mer, on distingue deux familles : les plésiosaures, animaux massifs munis d'un très long cou, et les ichtyosaures, sortes de gros dauphins avec un long bec et des dents pointues.

Les ptérosaures, ou « reptiles volants », sont maîtres du ciel. Les plus grands pouvaient parcourir 500 km par jour. *Quetzalcoatlus* avait une envergure de 12 m.

La disparition des dinosaures

Innombrables furent les théories avancées pour expliquer leur disparition voilà 65 millions d'années : refroidissement climatique, cataclysme volcanique, rupture de la chaîne alimentaire, attaque d'extraterrestres. Depuis la découverte en 1991, au Mexique, d'un immense cratère, qu'on a daté de 65 millions d'années, on est à peu près sûr aujourd'hui de la cause de cette hécatombe. Une météorite, de 10 km de diamètre et de 1 000 milliards de tonnes, aurait frappé la Terre, provoquant une déflagration si forte qu'elle détruisit plus de 70 % des espèces vivantes.

dico *Évolution : adaptation et transformations des espèces vivantes sur de très longues durées, en général dans un but de survie.*

◄ Ci-contre : dans l'eau, un brachiosaure. Ce fut un des plus grands animaux à avoir existé sur notre Terre.

Les ancêtres de l'homme

Avec la disparition des dinosaures, on assiste à un grand changement dans l'évolution des vertébrés : la prolifération des mammifères, qui profitent des milieux qui leur étaient autrefois interdits.

Le mammifère roi

Les mammifères, animaux à sang chaud, dont les femelles allaitent leurs petits, se multiplient car ils s'adaptent à tous les milieux écologiques. En effet, leur groupe est d'une très grande variété : ainsi, certains se nourrissent de viande, d'autres de poissons, de fruits, ou d'herbes ; certains nagent, d'autres courent, volent, ou sautent ; certains vivent dans les forêts, d'autres dans les déserts stériles, ou les régions très froides.

Le lémurien vit à l'heure actuelle dans l'île de Madagascar. S'il a évolué, comme toutes les espèces, il ressemble sans doute beaucoup aux premiers primates.

Les plus anciens primates

De la taille d'une petite musaraigne, des animaux appartenant au genre *Purgatorius* peuplaient l'Amérique du Nord il y a 65 millions d'années. Ce sont peut-être les premiers primates. Quelques millions d'années plus tard, leurs descendants possèdent 36 dents et sont adaptés à la vie dans les arbres.

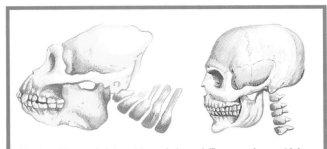

Malgré leurs différences, les boîtes crâniennes du singe et de l'homme ont des caractéristiques communes : toutes deux sont très développées par rapport aux autres animaux. Par ailleurs, leurs yeux sont comparables : ils sont placés sur le devant de la face, ce qui permet une meilleure vision.

Les singes et nous

Les ancêtres communs à l'homme et aux singes actuels ne ressemblent pas aux espèces d'aujourd'hui, mais ils avaient des caractères qui permettent de les distinguer de tous les autres mammifères : tronc redressé, bras qui bougent autour des épaules, pouce détaché des autres doigts, une croissance lente et des petits qui restent longtemps dépendants de leurs parents.

Une planète des singes ?

En Afrique, on a trouvé un squelette de singe datant de 34 millions d'années. Il possédait déjà 32 dents, comme nous. Au sein des primates, des groupes se spécialisent. L'un donne les singes à queue d'Afrique, d'Asie et d'Europe, un autre ceux d'Amérique, un autre les ancêtres communs aux grands singes sans queue et aux hominidés, parmi lesquels se trouve le groupe des « proconsuls », singes primitifs vivant dans les arbres mais pouvant se déplacer au sol.

Les hominidés

Certains scientifiques pensent que la séparation entre les hominidés (famille de l'homme) et les pongidés (famille des grands singes) se serait produite il y a entre 5 et 10 millions d'années. Notre ancêtre commun aurait vécu à cette période, mais il manque la découverte de quelques squelettes pour expliquer la transition. C'est ce que l'on nomme le « chaînon manquant », objet de toutes les spéculations.

dico

Espèce : groupe d'êtres vivants qui possèdent les mêmes caractères et peuvent se reproduire entre eux.

Hominidés : représente la famille des hommes, au sein du groupe des primates.

Primates : groupe de mammifères munis d'une dentition complète et d'une main préhensile, c'est-à-dire capable de saisir quelque chose. Englobe les hommes et les singes ainsi que leurs ancêtres et leurs actuels cousins, comme les lémuriens.

Vertébrés : animaux munis d'une colonne vertébrale (poissons, amphibiens, reptiles, oiseaux et mammifères).

Australopithèque

- **Âge :** 4,5 à 1 million d'années, voire 6 millions d'années !
- **Morphologie :** Lucy mesurait 1,20 m et pesait 25 kg mais certains australopithèques pouvaient mesurer jusqu'à 1,50 m ; mains et bras très longs, grosses mâchoires.
- **Capacité crânienne :** de 360 à 440 cm³.
- **Compétences :** certains australopithèques marchent debout et sont capables de fabriquer des outils rudimentaires.
- **Territoire :** Afrique de l'Est (mais peut-être également d'autres régions d'Afrique !).

Homo habilis

- **Âge :** de 2,5 à 1,5 million d'années environ.
- **Morphologie :** 1,50 m en moyenne ; vit redressé mais a encore de très longs bras robustes pour grimper aux arbres.
- **Capacité crânienne :** 775 cm³ environ.
- **Compétences :** le « premier homme » se tient droit et marche très bien ; fabrique des outils et commence à chasser.
- **Territoire :** Afrique australe et orientale, peut-être tout le continent africain.

Homo erectus

- **Âge :** de 1,6 million d'années à 400 000 ans.
- **Morphologie :** de 1,40 m à 1,70 m, grosse tête ; corps de plus en plus longiligne.
- **Capacité crânienne :** 1 000 cm³ environ.
- **Compétences :** capable de courir ; excellent chasseur ; invente de nouveaux outils ; maîtrise le feu, vit dans des grottes ou construit des huttes.
- **Territoire :** Afrique, Asie et Europe.

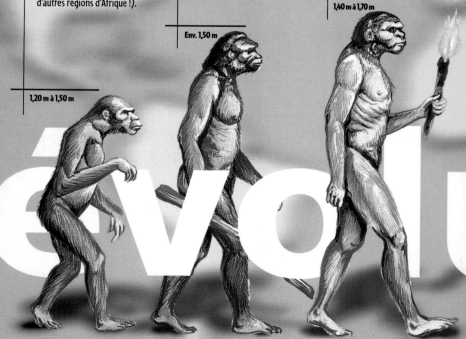

1,40 m à 1,70 m

Env. 1,50 m

1,20 m à 1,50 m

espèces d'hommes

Homme de Neandertal
ou *Homo sapiens neandertalensis*

Âge : entre 120 000 et 33 000 ans environ.

Morphologie : 1,50 m à 1,60 m environ ;
front bas et fuyant, cou épais, démarche
voûtée, corps massif.

- **Capacité crânienne :** 1 600 cm³
(plus que l'homme moderne !
mais son cerveau n'était pas développé
dans la région frontale, zone de la réflexion
et de l'affectivité).
- **Compétences :** vit durant la grande
période glaciaire. Cerveau large
et volumineux. Il fabrique des outils en silex.
Premier homme préhistorique à enterrer
ses morts.
- **Territoire :** Europe, Afrique du Nord
et Asie.

1,50 m à 1,60 m

Homme moderne
ou *Homo sapiens sapiens*

- **Âge :** plus de 100 000 ans.
- **Morphologie :** 1,50 m à 1,80 m ;
buste allongé, petites jambes, bras courts,
grosse tête avec petite mâchoire.
- **Capacité crânienne :** 1 350 cm³.
- **Compétences :** exactement les mêmes
que celles de l'homme d'aujourd'hui.
- **Territoire :** la terre entière car il s'établit
en Amérique et en Australie.

1,50 m à 1,80 m

L'homme ne descend pas du singe

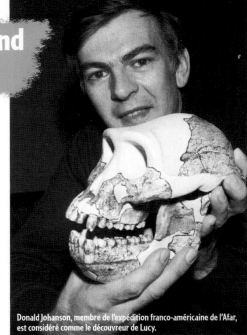

Donald Johanson, membre de l'expédition franco-américaine de l'Afar, est considéré comme le découvreur de Lucy.

Si l'homme est un primate, il ne descend pas pour autant du gorille ou du chimpanzé, car tous les singes d'aujourd'hui sont, tout autant que nous, évolués.

L'homme n'est pas un singe

Si l'homme actuel a 99 % de gènes en commun avec le chimpanzé et lui ressemble par certains côtés, c'est un primate unique. L'homme est bipède. L'habileté de ses mains est sans comparaison. Son cerveau surtout est beaucoup plus évolué, il lui permet de raisonner et d'avoir un langage articulé.

Le casse-tête des origines de l'homme

La différence entre le singe et l'homme est plus difficile à faire quand on remonte aux origines, car les seules preuves que nous avons pour identifier nos ancêtres sont des fossiles d'os et de dents, très rares. La cohabitation de différentes espèces d'hominidés rend les choses encore plus compliquées. À mesure que les découvertes s'accumulent, toutes les théories de l'évolution de l'homme se contredisent et se complexifient.

Les australopithèques

S'ils ne sont pas encore des hommes, les australopithèques (« grands singes du Sud ») possèdent des caractères qui les distinguent des singes : ils marchent debout, ils ont un cerveau plus développé et sont déjà capables d'utiliser de frustes outils en pierre. On a longtemps pensé que ces lointains ancêtres de l'homme étaient apparus en Afrique de l'Est (Tanzanie, Éthiopie, Kenya) il y a un peu moins de 4 millions d'années. Or de récentes découvertes viennent de tout chambouler. Il n'est plus certain aujourd'hui que l'Afrique de l'Est soit le berceau de l'humanité : en 1995, des chercheurs ont découvert, pour la première fois en Afrique centrale (au Tchad), un australopithèque, Abel.

Les ancêtres de l'homme prennent un coup de vieux

On vient d'apprendre que les australopithèques sont plus vieux que ce que l'on imaginait. Entre 1992 et 1994, les fossiles d'*Australopithecus ramidus* sont mis au jour : il serait âgé de 4,4 millions d'années. Mieux encore, en 2001, une équipe franco-kenyane exhume *Orrorin tugenensis*, un squelette fossile qui ferait remonter la lignée humaine à… 6 millions d'années, mettant une nouvelle fois à plat toutes nos connaissances.

Lucy et les Beatles

Les membres de l'équipe internationale dans la vallée de l'Afar (dans le sud de l'Éthiopie) appelèrent leur squelette Lucy d'après la chanson des Beatles *Lucy in the sky with the diamonds*, chanson qu'ils écoutaient sur leur magnétophone pendant les fouilles.

dico

Espèce : groupe d'êtres vivants qui possèdent les mêmes caractères et peuvent se reproduire entre eux.

Primates : groupe de mammifères munis d'une dentition complète et d'une main préhensile, c'est-à-dire capable de saisir quelque chose. Englobe les hommes et les singes ainsi que leurs ancêtres et leurs actuels cousins, comme le lémurien.

Lucy n'était pas un humain. Lucy ferait certes une « mère » adorable mais il n'est pas du tout sûr qu'elle soit l'ancêtre de l'humanité comme on l'a longtemps pensé. Il est probable qu'elle appartienne à une espèce éteinte, sans lien de parenté direct avec les premiers hommes.

Lève-toi, marche et... pense : l'homme

Pas de lignée unique chez les premiers « hommes », mais plusieurs espèces qui survivent et évoluent en fonction des milieux et des climats.

Coup de froid

Toutes les espèces d'australopithèques s'éteignent il y a 1 million d'années, suite à un grand coup de froid, après une longue coexistence, sans doute pacifique, avec les humains (*Homo habilis*). Ceux-ci survivent grâce à leurs formidables capacités physiques et psychiques, car ce sont les seuls primates à pouvoir vivre sous tous les climats et dans tous les milieux. Avec leurs grandes jambes, leurs mains habiles et leur capacité à vivre en société, ils vont devenir des super-prédateurs et pouvoir se multiplier.

L'homme habile

L'époque de l'apparition de l'homme reste une énigme. Les plus anciens fossiles que l'on peut attribuer à *Homo habilis* (*Homo* désigne le genre, *habilis* l'espèce) remontent à 2,5 millions d'années, mais on estime qu'il pourrait être beaucoup plus vieux. Sa main possède toutes les qualités nécessaires pour fabriquer et manipuler des outils. On est à peu près certain qu'*Homo habilis* quitte déjà le continent africain.

La comparaison entre les squelettes de l'australopithèque et d'*homo sapiens* montre que l'homme n'a cessé d'évoluer au fil des millions d'années.

Seuls les grands tueurs survivent

Les singes vivent dans les zones tropicales, car ils dépendent des arbres et des fruits pour leur alimentation. C'est parce qu'il se nourrit de plus en plus de viande, nourriture disponible partout, que l'homme pourra s'étendre sous tous les climats.

L'homme debout

Dans la marche sans fin de l'évolution, c'est parce que l'homme est un excellent chasseur nomade qu'il survit. L'héritier le plus évolué d'*Homo habilis* est *Homo erectus* (l'homme qui se tient droit), apparu il y a 1,5 million d'années environ. Il fabrique des outils bien plus élaborés (biface, harpon, perçoir), parle de mieux en mieux et est surtout à l'origine d'une véritable révolution : la maîtrise du feu.

dico *Évolution : adaptation et transformations des espèces vivantes sur de très longues durées, en général dans un but de survie.*

Primates : groupe de mammifères munis d'une dentition complète et d'une main préhensile, c'est-à-dire capable de saisir quelque chose. Englobe les hommes et les singes ainsi que leurs ancêtres et leurs actuels cousins, comme les lémuriens.

Le harpon du chasseur paléolithique   Le perçoir

L'homme qui pense

Le plus ancien *Homo sapiens* est l'homme de Neandertal, apparu pendant la grande glaciation, il y a entre 200 000 et 100 000 ans. Il est très différent de l'homme de Cro-Magnon qui, apparu en Afrique il y a 100 000 ans, arrive en Europe il y a 35 000 ans environ. L'homme de Neandertal, après avoir cohabité avec Cro-Magnon pendant quelques milliers d'années, lui laissera finalement la place, en disparaissant sans laisser de descendants. Les hommes d'aujourd'hui sont toujours des hommes de Cro-Magnon, de l'espèce *Homo sapiens sapiens*.

Crâne de femme magdalénienne, retrouvé dans la grotte du Mas-d'Azil en Ariège. Les modifications de la taille de la boîte crânienne sont représentatives de l'évolution de l'homme.

La boîte à outils de l'homme préhistorique

C'est très progressivement (des millions d'années !) que l'homme apprend à se servir d'outils. D'abord des bouts de bois, des os et des éclats de pierre coupants qui servent à tout, puis des silex qu'il taille pour fabriquer de nouveaux outils. Grâce à ces outils, l'homme s'adapte à tous les climats, même aux périodes de glaciation !

Autour du feu

Il y a 500 000 ans environ, *Homo erectus* fait un pas décisif dans l'évolution de l'humanité : la découverte du feu.

Un élément naturel destructeur dominé

Peut-être ne saura-t-on jamais comment les hommes réussirent à maîtriser le feu. Ils ont dû assister à des incendies naturels de savane ou de forêt, ou à des éruptions volcaniques. Ils ont observé que si le feu brûlait, il réchauffait également, ils ont aussi remarqué que le vent pouvait le ranimer. Ils ont peut-être soufflé sur les braises d'un feu naturel pour faire jaillir les flammes. Un jour, certains ont dû réussir à transporter des braises ou des tisons.

La guerre du feu n'a pas eu lieu

Un jour, un homme a réussi à allumer, tout seul, un feu. Comment ? Peut-être en frottant vite et fort deux bouts de bois pour enflammer des feuilles séchées, ou en cognant l'une contre l'autre deux pierres (silex et pyrite) pour produire une étincelle.

Le cru et le cuit

Le feu, c'est la chaleur. Il cuit la viande (avouez, c'est meilleur que la viande crue !), durcit les lances ou les épieux de bois et protège contre les animaux. Le feu permettra ainsi à l'homme de vivre sous tous les climats et de bien résister aux grandes périodes glaciaires.

On « s'fait une bouffe » et on en parle

Le feu, c'est la lumière. Avant la découverte du feu, toute activité cessait à la tombée de la nuit. Autour des foyers, la journée se prolonge : on peut continuer le travail ou papoter avant d'aller se coucher.

Le feu devient le centre de la vie domestique, un lieu d'échanges entre les membres de la communauté, c'est-à-dire un élément déterminant dans la socialisation de l'homme.

La peur du feu

L'homme est le seul être vivant qui ne craint pas le feu et sait l'utiliser pour son usage personnel. Il s'en servait notamment pour effrayer les animaux et les forcer à tomber dans les pièges.

dico *Bochimans : peuple nomade de l'Afrique australe qui vit dispersé dans le désert du Kalahari. Les Bochimans représentent aujourd'hui moins de 50 000 individus.*

Le silex, taillé, est l'outil à tout faire de l'homme préhistorique. Il sert à tailler, creuser, sculpter, couper et... allumer le feu.

Art, religion et cuisine préhistoriques

Peinture rupestre de la grotte d'Altamira.

Avec l'outil et le feu, l'homme détient les éléments nécessaires à sa survie et peut se développer dans tous les domaines.

La mort et la religion

On sait que l'homme de Neandertal enterrait ses morts, en les entourant d'offrandes (fleurs, outils, nourriture, cornes d'animaux). Il croyait donc sans doute à une forme de vie après la mort. Un système de croyances et de rites devait accompagner ce sentiment religieux. Dans les tombes de l'homme de Cro-Magnon, on a trouvé de nombreuses sculptures : chevaux, bouquetins, bisons, statuettes féminines (les vénus paléolithiques) et masculines. L'art est né avec la religion.

L'enfance de l'art

Entre 35 000 et 11 000 ans av. J.-C., les hommes ont peint les parois de leurs grottes. C'est l'art rupestre ou pariétal. Ils représentaient souvent des scènes de chasse et les animaux qu'ils voyaient dans la nature. Parfois, ils dessinaient leurs mains sur la paroi ou des formes géométriques. Les grottes les plus célèbres sont celles d'Altamira, en Espagne, et de Lascaux, en France. Ces peintures préhistoriques devaient exprimer des croyances très précises. Des rites religieux devaient avoir lieu dans ces cavernes.

L'art et la religion n'empêchent pas l'homme de manger

L'homme est un être omnivore. Ceux de Cro-Magnon vivaient de la chasse et de la cueillette. Si les fruits et les racines étaient très prisés, ils mangeaient surtout de la viande (renne, mammouth, cheval, lièvre, canard, perdrix) et du poisson de rivière (saumon, truite), qu'ils faisaient rôtir sur le feu, ou qu'ils cuisaient à l'étouffée, c'est-à-dire sous des tas de galets brûlants. C'est au cours du néolithique qu'ils apprirent à faire cuire des galettes de pain.

L'homme de Néandertal est le premier homme préhistorique qui a enterré ses morts. Le défunt était entouré par les objets qui lui avaient appartenu.

Pour faire bouillir de l'eau

Comme il n'existait pas de récipient assez résistant pour être posé sur le feu au paléolithique, l'homme mettait dans un pot de bois ou de peau rempli d'eau froide des pierres chauffées dans le feu. En changeant de temps en temps les pierres, l'eau parvenait assez vite à l'ébullition.

dico *Art rupestre ou pariétal : dessins ou peintures sur les parois des cavernes.*

Néolithique : âge de la « pierre nouvelle », pour marquer l'apparition des haches polies. Commence avec les débuts de l'agriculture.

Vénus paléolithique : petite statuette féminine datant de l'homme de Cro-Magnon. Elle avait probablement un rôle religieux. On a retrouvé en Europe centrale des statuettes âgées de 25 000 ans, faites d'argile et d'os broyés qui gisaient près de foyers. S'il est avéré que ces statues ont été exposées volontairement au feu, elles seraient alors les premières terres cuites du monde !

Sédentarisation et naissance de l'agriculture

Avec le réchauffement de la Terre, de nombreuses espèces de céréales et de légumes, riches en protéines et en calories, apparaissent.

Sauvage agriculture

Si l'homme continue à se déplacer et à chasser pour se nourrir, il se met aussi à manger les graines de céréales et les légumes qui poussent librement dans la nature. Peu à peu, au rythme des saisons, il apprend à récolter les graines et à les stocker pour l'hiver. Pour moissonner les céréales sauvages, il utilise des faucilles en corne ou en bois et des corbeilles en osier.

Qu'on est bien chez soi

Des mutations profondes ont lieu au mésolithique, entre les Xe et VIIIe millénaires av. J.-C. en Syrie et en Palestine. Les conditions de vie s'améliorent et les hommes commencent à rester de plus en plus longtemps dans un même lieu. C'est le début de la sédentarité. Les premiers villages permanents construits en plein air apparaissent, bientôt suivis de véritables villes (Jéricho, en Palestine, aurait 9 000 ans !), même si l'agriculture proprement dite n'est pas encore vraiment maîtrisée.

Les premiers paysans

Progressivement, l'homme a cherché à intervenir dans les cycles naturels des végétaux sauvages, en sélectionnant les graines, en les plantant et en les récoltant. Les premières activités proprement agricoles voient le jour vers 7 000 ans av. J.-C. dans le croissant fertile (Mésopotamie, Palestine, Syrie, Anatolie).

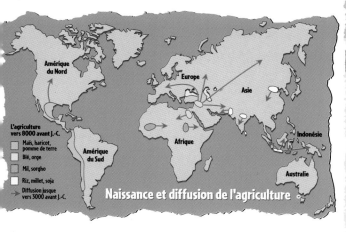

Naissance et diffusion de l'agriculture

Les animaux de la ferme

Des espèces animales sont domestiquées : chèvres et moutons (– 9000, en Iran), puis le porc (– 7000), le bovin (– 6000) et l'âne (– 5000). Ce sont les débuts de l'élevage. La domestication du cheval n'aura lieu que vers 3 000 ans av. J.-C., dans le sud de la Russie.

L'homme apprend la guerre en même temps qu'il se civilise

Les hommes se sont sans doute battus tout au long de la préhistoire, pour une carcasse de viande, quelques fruits ou un peu d'eau. Pourtant, avec les débuts de l'agriculture, il semble qu'on assiste à une recrudescence de la violence. En effet, les hommes deviennent de plus en plus nombreux et de plus en plus dépendants de la terre pour leur subsistance, tout en étant mieux organisés et... armés.

dico *Espèce : groupe d'êtres vivants qui possèdent les mêmes caractères et peuvent se reproduire entre eux.*

Mésolithique : période de transition entre le paléolithique et le néolithique (10000-8000 av. J.-C.).

L'homme signe la fin de sa préhistoire

Avec l'invention de l'écriture, l'homme quitte la préhistoire et entre dans... l'histoire.

L'écriture est née dans les villes de Mésopotamie. Cette tablette sumérienne date de 2350 ans av. J.-C.

L'Europe reste « préhistorique » plus longtemps qu'ailleurs

Comme toujours, les inventions ne se font pas du jour au lendemain et ne changent pas, dès leur apparition, la vie des populations. Si quelques groupes, dans certaines régions, les adoptent très vite, les autres continuent longtemps de vivre sans les connaître. Ainsi, si l'écriture apparaît dans le croissant fertile vers 3 500 ans av. J.-C., elle n'arrivera en Europe occidentale que beaucoup plus tard, avec les Romains. Tous les peuples n'entrent pas dans l'histoire au même moment !

Des comptables inventent l'écriture

Au néolithique, l'organisation de la société devient plus complexe. L'artisanat, le commerce et les systèmes d'échanges entre les villes et les régions se développent. Pour gérer ces nouveaux besoins, les hommes inventent un système de comptabilité, qui évoluera progressivement vers l'écriture. Les comptables des villes de Mésopotamie (Sumer, Suse, en Irak) ont sans doute commencé par faire des encoches sur des tablettes d'argile pour noter des quantités d'animaux et de céréales, en ajoutant à côté le dessin qui symbolisait la marchandise.

Vers 2500 av. J.-C., une civilisation est apparue sur les rives de l'Indus (Pakistan actuel). Elle avait son propre système d'écriture.

2 000 signes à connaître pour pouvoir lire

Peu à peu, ce système de codes et de symboles s'est tellement complexifié qu'il a donné naissance à l'écriture proprement dite. Le système d'écriture de Sumer n'avait pas d'alphabet mais comportait 2 000 signes représentant chacun un mot (logogramme) ou une idée (idéogramme), auxquels des signes furent ajoutés pour représenter certains sons (phonogrammes), comme dans un rébus.

Une science étonnamment jeune

La tâche des préhistoriens est difficile car ils travaillent sur une période qui s'étale sur des millions d'années. Ils n'ont de surcroît aucune trace écrite pour les aider, contrairement aux historiens.

Une aiguille dans une botte de foin

Les seules traces qui restent aujourd'hui de la présence des hommes préhistoriques se trouvent dans la terre, sous forme de fossiles. Le paléo-anthropologue doit donc creuser les terrains propices à la fossilisation, pour essayer de les trouver. Malheureusement, plus on remonte dans le temps, plus elles sont rares et fragiles. Le moindre fragment d'os ou d'objet, la simple observation de sa position dans la terre représente un tout petit indice que le chercheur va devoir interpréter pour tenter de répondre à des milliers de questions.

Un chercheur modeste

Quand on s'intéresse à la préhistoire, les questions sont plus nombreuses que les réponses et l'inconnu domine toujours, malgré les découvertes les plus récentes. Qui fut le grand ancêtre commun aux singes et aux hommes ? L'Afrique de l'Est est-elle bel et bien le berceau de l'humanité ? Le paléo-anthropologue se doit d'être patient et modeste, car, pour le moment, il ne peut jamais être sûr et certain des tentatives d'explications qu'il élabore. Chaque année qui passe apporte une découverte ou de nouvelles théories qui viennent chambouler tout ce qu'on croyait.

L'espoir fait vivre

Pourtant, l'espoir d'en savoir plus sur nos origines demeure. En effet, la paléo-anthropologie est une science neuve et en plein devenir : elle ne date à proprement parler que du XIXᵉ siècle, même si les hommes se sont toujours interrogés sur les ossements qu'ils pouvaient trouver par hasard dans la nature. Le développement scientifique et technique actuel est tel, notamment en génétique et en biologie moléculaire, que les chercheurs disposent de plus en plus d'outils pour améliorer les connaissances. La recherche sur l'évolution de l'homme sera probablement une des plus grandes aventures scientifiques du XXIᵉ siècle.

PÉRIODES HISTORIQUES

NIVEAU ARCHEOLOGIQUE PALEOLITHIQUE SUPERIEUR

COUCHE STERILE

NIVEAU ARCHEOLOGIQUE PALEOLITHIQUE MOYEN

COUCHE STERILE

NIVEAU ARCHEOLOGIQUE PALEOLITHIQUE ANCIEN

L'évolution continue

Pendant des millions d'années, les êtres humains ont évolué, physiquement et psychiquement, et il n'y a aucune raison pour que ça s'arrête. À quoi ressemblerons-nous dans quelques centaines de milliers d'années ? Peut-être notre corps va-t-il continuer de grandir, de s'affiner et de s'allonger, que la taille de notre cerveau va augmenter et avec lui notre crâne et que notre dos sera trop fragile pour porter des charges... Peut-être !

dico *Ethnologie : étude des divers groupes humains (ethnies) et de leurs caractères culturels et sociaux.*

Fossile : restes d'un homme, d'un animal ou d'une plante préservés dans les sédiments.

Génétique : branche de la biologie étudiant l'hérédité.

Paléo-anthropologue : scientifique spécialisé dans l'étude des hommes préhistoriques.

◀ Dans de nombreux sites préhistoriques, les niveaux successifs d'occupation sont séparés pas des couches dites « stériles ». Elles se composent de débris naturels entassés entre les périodes où les hommes ont habité le site.

Ressusciter la préhistoire

À l'atelier de peinture rupestre à Tarascon -sur- Ariège, on peint à la manière des hommes préhistoriques !

Ce serait bien pratique de pouvoir vivre comme des hommes préhistoriques pour comprendre nos origines.

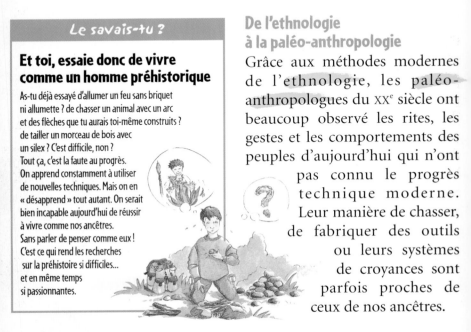

Le savais-tu ?

Et toi, essaie donc de vivre comme un homme préhistorique

As-tu déjà essayé d'allumer un feu sans briquet ni allumette ? de chasser un animal avec un arc et des flèches que tu aurais toi-même construits ? de tailler un morceau de bois avec un silex ? C'est difficile, non ?
Tout ça, c'est la faute au progrès.
On apprend constamment à utiliser de nouvelles techniques. Mais on en « désapprend » tout autant. On serait bien incapable aujourd'hui de réussir à vivre comme nos ancêtres.
Sans parler de penser comme eux !
C'est ce qui rend les recherches sur la préhistoire si difficiles... et en même temps si passionnantes.

De l'ethnologie à la paléo-anthropologie

Grâce aux méthodes modernes de l'ethnologie, les paléo-anthropologues du XXᵉ siècle ont beaucoup observé les rites, les gestes et les comportements des peuples d'aujourd'hui qui n'ont pas connu le progrès technique moderne. Leur manière de chasser, de fabriquer des outils ou leurs systèmes de croyances sont parfois proches de ceux de nos ancêtres.

Matériel de peinture rupestre.

Un peu d'imagination, s'il vous plaît

Mais cette méthode d'investigation reste limitée, car de nombreuses techniques ont disparu de la planète depuis belle lurette. Les chercheurs doivent donc faire preuve d'imagination pour savoir à quoi servaient les outils en pierre qu'ils ont découverts et quelle fut la manière de les utiliser. Au fil de leurs recherches, ils ont reconstruit les outils eux-mêmes, avant de les essayer sur du bois, de l'os, de la pierre, pour voir ce qu'il était possible de faire avec.

Des chercheurs en peaux de bête

Certains farfelus sont même allés jusqu'à vouloir vivre comme des hommes préhistoriques pour essayer de retrouver les sensations que pouvaient avoir les hommes de Cro-Magnon il y a 30 000 ans. Ils se sont habillés avec des peaux de bête, ont dormi dans des huttes et ont mangé le produit de leur chasse. Si ces expériences sont amusantes, on peut douter qu'elles soient très concluantes d'un point de vue scientifique…

La culture est plus lente que la biologie

L'évolution culturelle commence avec les premiers hommes il y a environ 2,5 millions d'années. Son rythme est beaucoup plus lent que celui de l'évolution biologique. C'est seulement vers 600 000 ans av. J.-C. que les cultures et leurs inventions commencent à s'accélérer. Dire que, à notre époque, il a fallu grosso modo cent ans seulement pour passer de l'électricité au voyage sur la Lune…

dico *Ethnologie : étude des divers groupes humains (ethnies) et de leurs caractères culturels et sociaux.*

Paléo-anthropologue : scientifique spécialisé dans l'étude des hommes préhistoriques.

Des fouilles, comme pour de vrai !

Quiz

**Tu sais tout sur les hommes préhistoriques ?
Teste maintenant tes connaissances pour le vérifier.**

1 Lucy était :
A un singe.
B un homme.
C un primate.

2 Les australopithèques ont disparu il y a :
A 100 000 ans.
B 10 ans.
C 1 million d'années.

3 Le « premier homme » est :
A l'australopithèque.
B *Homo habilis*.
C l'homme de Neandertal.

4 Pourquoi l'homme a-t-il un gros cerveau ?
A Il est tombé sur la tête quand il était petit.
B Il mange beaucoup.
C C'est un bipède, qui vit en groupe et qui a évolué.

5 Le chercheur qui étudie les hommes préhistoriques est :
A le paléontologue.
B le paléo-anthropologue.
C le géologue.

6 L'écriture fut inventée par :
A les Grecs.
B *Homo erectus*.
C les Mésopotamiens.

7 Le feu a permis à l'homme préhistorique :
A d'organiser des barbecues avec des amis dans son jardin.
B de vivre dans tous les milieux et sous tous les climats.
C de créer le service des pompiers.

8 Le premier homme à enterrer ses morts est :
A l'australopithèque.
B l'homme de Cro-Magnon.
C l'homme de Neandertal.

9 L'homme de Cro-Magnon représentait sur les parois de ses grottes :
A des animaux.
B des avions.
C des dieux.

10 L'homme est :
A le descendant du singe.
B le père du singe.
C un lointain cousin du singe.

Tu veux parler à ta classe des hommes préhistoriques ? Prépare-toi bien avant !

❶ Le choix du sujet

De quoi vais-je parler ?

Il y a une foule de choses à dire sur la préhistoire et les hommes préhistoriques. Mais pas question de t'éparpiller.
Tu dois choisir un bon sujet, par exemple : Lucy notre ancêtre, la conquête du feu, la vie quotidienne des hommes préhistoriques, la fin de la préhistoire…

❷ La recherche d'informations

Est-ce que je dois tout lire sur la préhistoire ?

Non, bien sûr, inutile de lire ce qui ne concerne pas ton sujet. En revanche, tu dois absolument utiliser plusieurs sources d'information. Aide-toi de la liste proposée page 36.

Faut-il montrer des images ?

Bien sûr, rien de plus parlant que des images. Au cours de tes recherches, repère les images intéressantes, que tu pourras imprimer ou photocopier.

❸ La préparation de ton exposé

Combien ai-je de temps ?

Un exposé ne doit pas dépasser 10 ou 15 minutes. C'est très court ! Réfléchis donc à un plan très précis, articulé autour de 3 ou 4 idées principales.

Faut-il répéter avant l'exposé ?

Oui, mais pas trop. Prévois de relire chez toi tout seul, à haute voix, ton exposé, pour estimer la durée. Et, si tu veux, une deuxième fois, devant la famille, qui corrigera tes défauts.

❹ L'exposé

Comment commencer ?

Annonce clairement ton sujet et ton plan. Si tu peux, écris-le sur le tableau avant que les autres n'arrivent dans la classe.

Faut-il répondre aux questions ?

Oui, bien sûr : l'exposé doit aussi être un dialogue.
Le mieux serait de prévoir une séance de questions à la fin pour terminer en douceur.

Pour aller plus loin

Les livres documentaires

• *Copain de l'archéologie : le guide des explorateurs du temps,* Francis Dieulafait, Milan, 1999.
• *Du big-bang à l'homo sapiens,* coll. « Encyclopédie découvertes junior », Gallimard-Jeunesse, 1991.
• *La Préhistoire,* Anne Rouzaud, coll. « Les Essentiels Milan », Milan, 1996.
• *La Préhistoire,* Pascal Picq et Dominique Gaussen, coll. « Regard junior », Mango-Jeunesse, 2001.
• *Les Hommes préhistoriques,* Charlotte Hurdman, coll. « Vivre comme », La Martinière-Jeunesse, 2001.
• *Les Origines de l'homme,* Jean-Baptiste de Panafieu, coll. « Explorateur 3D », Hachette-Jeunesse, 2001.
• *Les Origines de l'humanité,* Pascal Picq, coll. « Regard d'aujourd'hui », Mango-Jeunesse, 2001.
• *Les Temps préhistoriques,* Louis-René Nougier et Pierre Joubert, coll. « La vie privée des hommes », Hachette-Jeunesse, 1990.

Un roman

• *La Guerre du feu,* Rosny J.-H., coll. « Bibliothèque des grands classiques », Nathan, 1999.

Un film

• *La Guerre du feu,* de Jean-Jacques Annaud, 1981, adapté du roman du même nom.

Un documentaire en vidéo

• *La Préhistoire et le néolithique,* 135 minutes, Arcades.

Les sites Internet

• **www.museedecarnac.com**
Le site du musée de la Préhistoire de Carnac (Morbihan) offre un parcours initiatique intéressant pour les jeunes visiteurs.
• **www.artculinaire.com/ histoire/prehistoire.htm**
Tout savoir pour faire sa petite cuisine préhistorique.
• **www.mnhn.fr**
Le site du Muséum national d'histoire naturelle.

Les musées

• **Le Parc de la Préhistoire à Tarascon-sur-Ariège.** Une reconstitution de la grotte de Niaux et de multiples activités et animations pour découvrir la vie et l'art des magdaléniens. Tél. : 05 61 05 10 10.

• **Le musée de Tautavel, Centre européen de la préhistoire.**
C'est dans le village de Tautavel qu'a été découvert l'un des plus anciens hommes actuellement connu en Europe : l'homme de Tautavel. Le musée nous fait découvrir les paysages quaternaires et la vie quotidienne des chasseurs préhistoriques. 66720 Tautavel. Tél. : 04 68 29 07 76. Mail : tautavel.reservation@wanadoo.fr

• **La grotte de Lascaux II.**
L'originale ayant été fermée au public, un fac-similé, situé à Montignac, en Dordogne, permet la visite de deux galeries, notamment celle de la salle des Taureaux. Tél. : 05 53 35 50 10.

Index

Réponses au quiz

1	C	**6**	C
2	C	**7**	B
3	B	**8**	C
4	C	**9**	A
5	B	**10**	C

Responsable éditorial : Bernard Garaude
Directeur de collection : Dominique Auzel
Assistante d'édition : Cécile Clerc
Correction : Claire Debout
Iconographies : Sandrine Batlle
Conception graphique, maquette : Anne Heym
Couverture : Bruno Douin

Illustrations : Anne Eydoux

Crédit photo :
Couverture :
haut de couv' : La Guerre du Feu de Jean-Jacques Annaud/
© KIPA - milieu (Silex) : © A. Roussel - COLIBRI –
bas de couv' et dos : dessins de Anne Eydoux.
Intérieur :
© Ph. Terrancle - Milan Presse : pp. 3, 5, 30 /
© J.-P. Sylvestre - BIOS : p. 8 / © S. Breal - COLIBRI : p. 9 /
© J. Zuckerman - CORBIS : p. 10 / © J.-Ph. Vantighem -
BIOS : p. 11 / © Visage - COLIBRI : p. 12 /
© Bettmann – CORBIS : p. 16 /
© Collection privée - Bridgeman Art Library :
pp. 18 / © D. Chauvet - Milan : pp. 19, 31, 32, 33
© O'MEDIAS : p. 22 / © A. Roussel - COLIBRI : p. 23 /
© Archivo Iconografico S.A. – CORBIS : p. 24 /
©dessin de Jean-Claude Pertuzé p. 26 /
Infographie p. 27 : F. Le Moël – Milan Presse /
© Gianni Dagli Orti - Corbis p.28
© Ch. et J. Lenars – CORBIS : p. 29

© 2002 Éditions MILAN
300, rue Léon-Joulin,
31101 Toulouse Cedex 1 France
Droits de traduction et de reproduction
réservés pour tous les pays.
Dépôt légal : avril 2002
ISBN : 2-7459-0424-8
Imprimé en Espagne.

Derniers titres parus

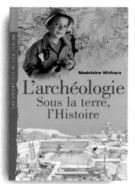
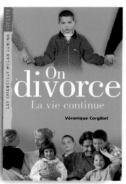

This book belongs to: